ANALIZA KSIĄŻKI

AF166051

Chłopiec z latawcem

. . . .

Khaled Hosseini

ANALIZA KSIĄŻKI

Napisany przez Perrine Beaufils
Przetłumaczony przez Kâmil Kowalski

Chłopiec z latawcem

• •

KHALED HOSSEINI

KHALED HOSSEINI

URODZONY W AFGANISTANIE AMERYKAŃSKI PISARZ

- **Urodził się w Kabulu (Afganistan) w 1965 r.**

- **Godne uwagi prace:**

  - *The Kite Runner* (2003), powieść

  - *Tysiąc wspaniałych słońc* (2007), powieść

Khaled Hosseini to amerykański pisarz urodzony w Afganistanie, w Kabulu w 1965 roku. Syn dyplomaty i nauczyciela, opuścił Afganistan w młodym wieku, aby zastąpić ojca w różnych obowiązkach. Rodzina mieszkała w Paryżu, ale nie chciała wracać, gdy kraj był pod panowaniem rosyjskim i szukała azylu w Stanach Zjednoczonych.

Po uzyskaniu matury Khaled Hosseini uzyskał dyplom z biologii i doktorat z medycyny. Od tamtej pory praktykuje jako lekarz, pisząc jednocześnie powieści. Jego pierwsza książka, *Biegnący z latawcem* (2003), odniosła duży sukces, podobnie jak druga, *Tysiąc wspaniałych słońc* (2007).

CHŁOPIEC Z LATAWCEM

OPOWIEŚĆ O AFGANISTANIE
Z PERSPEKTYWY DZIECKA

- **Gatunek:** powieść

- **Wydanie referencyjne:** Hosseini, K. (2004) *The Kite Runner*. New York: Riverhead.

- **Wydanie pierwsze:** 2003 r.

- **Tematy:** wspomnienia, rasizm, tchórzostwo, wina, przebaczenie

Amerykańska powieść Kite Runner z 2003 roku opowiada o wspomnieniach Amira z dzieciństwa z życia w jego rodzinnym Afganistanie, gdzie musiał wyjechać z ojcem, aby uciec przed rosyjską okupacją. Zostawia za sobą swój świat, wspomnienia, błędy. Jednak wszyscy wracają, by go ścigać, a on znajduje sposób, aby ich odkupić.

Ta powieść, która odniosła ogromny sukces, przedstawia nam historię Afganistanu w latach 70-tych, z rosyjską okupacją i reżimem talibów, widzianą oczami dziecka.

PODSUMOWANIE

JAK DWAJ BRACIA

Amir to afgański chłopiec w wieku około dziesięciu lat. Mieszka sam ze swoim ojcem Babą, jednym z najbogatszych kupców w Kabulu. Pomimo bezwarunkowej miłości Baby, ich związek jest skomplikowany. Amir jest dokładnym przeciwieństwem swojego ojca. Jest raczej krępy, nie jest dobry w sporcie, interesuje się przede wszystkim czytaniem i pozwala się wyśmiewać innym dzieciom. W takich sytuacjach regularnie ucieka do partnera biznesowego Baby, Rahima. Rahim rozumie, co dzieli ojca i syna, i stara się pocieszyć chłopca. Jest też jedyną osobą, która wierzy w zdolności pisarskie Amira.

Amir spędza dni w towarzystwie Hassana, syna ich służącego, Alego, który należy do Hazarów. Lud ten był przez wiele lat prześladowany przez Pasztunów i od tego czasu Hassan i jego ojciec są zmuszeni do pracy jako służący. Obu dzieciom brakuje tego samego: żadne z nich nie znało swojej matki. Matka Amira zmarła podczas porodu, a matka Hassana uciekła krótko po jego urodzeniu. Oboje mieli tę samą mokrą pielęgniarkę i zawsze mieszkali blisko siebie. Dlatego więzi między nimi są silne. Ale na tym podobieństwa się nie kończą, bo w rzeczywistości są przyrodnimi braćmi, co Amir odkrywa dopiero w dorosłym życiu.

Pewnego wieczoru w lipcu 1973 roku, po obaleniu króla, prawie wszędzie w Kabulu wybuchły strzelaniny, wyznaczając "początek końca" emira. Następnego dnia Amir i Hassan bawią się w dziczy i spotykają chłopca w ich wieku, który dobrze ich zna. Wśród nich jest agresywny i rasistowski Asef, który czci Hitlera. Nienawidzi Hazarów i chce, aby w jego kraju mieszkali tylko Pasztunowie. Przygotowując się do uderzenia Amira w ramach kary za przyjaźń z Hassanem, Hassan wyciąga procę i grozi mu. Spanikowany Asef schodzi ze sceny i obiecuje pomścić tę zniewagę.

BITWY NA LATAWCE

Każdej zimy odbywają się tradycyjne bitwy na latawce: każde dziecko uzbraja się w latawiec i musi spróbować przeciąć sznurek konkurentów za pomocą szklanych odłamków przymocowanych do własnego latawca. Ostatnie dziecko zostaje ogłoszone zwycięzcą i aby potwierdzić swoje zwycięstwo, każdy wyeliminowany latawiec musi zostać przez niego odebrany. Amir i Hassan są szczególnie sprawni w tej grze: Amir zajmuje się latawcem, podczas gdy Hassan szuka tych, które spadły. W tym roku Amirowi szczególnie zależy na wygraniu turnieju, aby być bliżej ojca i sprawić mu przyjemność.

Chłopiec wygrywa pojedynek jeden na jednego, a Hassan przygotowuje się i wyrusza na poszukiwanie ostatniego smoka, którego pokonał. Po pewnym czasie Amir zdaje sobie sprawę, że jego przyjaciela już dawno nie ma i wyrusza na jego poszukiwanie. Znajduje Hassana zaatakowanego przez Asefa i jego przyjaciół. Asef każe Hassanowi zwrócić smoka, a kiedy odmawia, postanawia dać mu nauczkę i gwałci go. Przerażony i nie odważając się interweniować, Amir obserwuje scenę zza ogrodzenia, po czym ucieka z przerażeniem z powodu tego, czego właśnie był świadkiem i własnego tchórzostwa.

To wydarzenie oznacza koniec ich przyjaźni. Później chłopcy prawie ze sobą nie rozmawiają. Amir nie może znieść widoku Hassana, który przypomina mu o jego tchórzostwie. Postanawia więc pozbyć się Alego i jego syna, oskarżając ich o kradzież. Doprowadza sprawę do końca i mimo desperacji Baby, obaj Hazarowie porzucają swoje życie.

ODKUPIENIE GRZECHÓW

W marcu 1981 roku Amir ucieka z ojcem z Afganistanu przed rosyjską okupacją. Docierają do Stanów Zjednoczonych i osiedlają się w Kalifornii. Tam jego ojciec pracuje jako pracownik stacji benzynowej, co całkowicie zmienia ich styl życia. W międzyczasie Amir kontynuuje naukę i rozpoczyna uniwersytet, gdzie studiuje techniki pisarskie, aby zostać pisarzem, ku niezadowoleniu ojca, który wolałby, aby został prawnikiem lub lekarzem. W 1989 roku publikuje swoją pierwszą powieść.

Pewnego dnia poznaje Sorayę Taheri, córkę afgańskiego generała. Od razu się zakochuje, oświadcza się jej i pobierają się. Na scenie pozostaje jednak cień, nie mogą mieć dzieci. Amir uważa, że to kara za tchórzostwo, które wykazywał jako dziecko. Pewnego dnia w czerwcu 2001 roku dzwoni telefon. To Rahim, były partner biznesowy ojca, mówi mu, że "jest sposób, by to naprawić". W rzeczywistości Rahim ma misję uratowania i wychowania syna swojego starego przyjaciela Hassana.

Amir zgadza się odwiedzić go w Pakistanie. Następnie Rahim przekazuje mu list od Hassana, w którym opowiada Amirowi o swoim życiu. Wyjaśnia, że jest żonaty, ma syna i ma nadzieję, że pewnego dnia znów zobaczy Amira i da mu wieczną miłość. Jednak Rahim nie mówi mu dalszej części historii. Hassan i jego żona zostali zabici przez talibów, pozostawiając Suhraba sierotą. Aby uratować go z sierocińca, Rahim prosi Amira, aby przyjechał. Mówi też Amirowi, że Hassan jest w rzeczywistości synem Baby, który miał krótki romans z żoną służącego.

Amir przyjmuje misję. Widzi w niej szansę na odkupienie i wymazanie krzywdy, którą kiedyś wyrządził swojemu przyjacielowi. Wyjeżdża więc do Kabulu i w sierocińcu odkrywa, że młody Sohrab został kilka tygodni temu zabrany przez talibów. Kiedy Amir go odnajduje, ze zdumieniem odkrywa, że talibem, który go zabrał był Assef. Obaj mężczyźni walczą, a Amirowi udaje się uciec z dzieckiem.

Oboje wracają do Stanów Zjednoczonych, a Soraya radośnie wita siostrzeńca swojego męża. Ale droga Sohraba jest długa, naznaczona jego doświadczeniami, wycofaniem się w głębokie milczenie i odrzuceniem praktycznie wszelkich prób porozumienia. Amir nie zniechęca się i robi wszystko, aby syn przyjaciela wiódł wygodne i spokojne życie.

STUDIUM POSTACI

AMIR

Na początku opowieści Amir jest dziesięcioletnim chłopcem. Bez matki żyje w wyłącznie męskim świecie, otoczony przez ojca, Babę, Alego, służącego, i Hassana, młodszego o rok syna Alego, który jest jego towarzyszem zabaw. Amir kocha ojca bezwarunkowo, ale ich relacje są wciąż trudne. Baba chciałby, żeby jego syn był bardziej wysportowany i dynamiczny, podczas gdy Amir jest lękliwy, nieśmiały i cichy, uwielbia czytać.

Wraz z Hassanem, z którym spędza dużo czasu, osobowość Amira zmienia się diametralnie: Staje się autorytarny, cyniczny, a czasem złośliwy i desperacko wystawia na próbę lojalność swoich przyjaciół. Tchórzliwy, woli uciec i udawać, że nie wie, co się stało. Wolałby raczej pozbyć się Hassana i jego ojca pod fałszywym pretekstem, niż codziennie oglądać twarze, które przypominają mu o jego własnym tchórzostwie.

Później Amir w końcu ośmiela się sprzeciwić ojcu w kwestii wyboru kierunku studiów: chce zostać pisarzem, a nie lekarzem czy prawnikiem. Ale to telefon od Rahima i powrót do domu naprawdę go zmieniają. Jego postawa w czasie gwałtu na Hassanie ciążyła mu na sumieniu od dziesięcioleci i wreszcie ma szansę, nie po to, by się zrehabilitować – bo szkoda została już wyrządzona i nie da się jej naprawić – ale by odłożyć na bok swoje lęki i udowodnić, że jest altruistą. Czyn ten jest szczególnie ważny, gdyż dotyczy syna Hassana.

Amir nie jest konwencjonalnym bohaterem, ponieważ jest tchórzliwy i samolubny. Wyraża jednak nasze własne obawy i pozwala czytelnikom zadawać pytania: "Co ja bym zrobił w jego sytuacji? Czy zaryzykować życie i wkroczyć, by uratować mojego przyjaciela, czy wybrać ucieczkę?"

BABA

"Mój ojciec był siłą natury, strzelistym okazem Pasztunów z gęstą brodą, kręconymi brązowymi włosami, tak niesfornymi jak on sam, rękami, które wyglądały na zdolne do wyrwania wierzby, i czarnym spojrzeniem, które ,rzuciłoby diabła na kolana, błagając o litość'" (rozdział 3), wyjaśnia Amir.

Wdowiec, nigdy nie ożenił się ponownie, ale pod koniec powieści dowiadujemy się, że miał krótki romans z żoną Alego i że Hassan jest jego synem. Jest właścicielem dwóch aptek i restauracji oraz eksportuje dywany. Chociaż jest w stanie zapewnić swojemu synowi życie bez trudności, wydaje się, że nie jest w stanie okazać mu uczucia. Jest zły, gdy widzi, że Amirowi brakuje pewności siebie. Zbyt entuzjastyczny w Afganistanie, ale po przybyciu do Stanów Zjednoczonych stwierdza, że jego stan się pogarsza. Nie czuje się już jak w domu i jest zdezorientowany, a Amir przejmuje inicjatywę.

HASSAN

Hassan jest oficjalnie synem Allego i służącym w domu. Należy do plemienia Hazara, służy od urodzenia i jest niewy-kształcony. Mimo to jest aktywny, bystry i kocha Amira bez-warunkowo. Dzieli się każdym meczem, chętnie poświęcając się dla niego, ponieważ to on zdenerwował Asefa w pierwszej kłótni. Wie, że Amir był obecny, kiedy został zgwałcony, i że jego przyjaciel skłamał na temat jego rzekomej kradzieży, aby się go pozbyć, ale niczego nie ujawnia: Jego poświęcenie jest nieograniczone.

Przed śmiercią zostawia Amirowi list, w którym zapewnia go o swojej lojalności. Hassan, daleki od bycia chłopcem bez charakteru, jawi się więc jako hojny i wierny zarazem.

ANALIZA

POSTAĆ OJCA

The Kite Runner to powieść niemal wyłącznie męska. Rzeczywiście, kobiety nie pojawiają się zbyt często, z wyjątkiem Sorayi i jej matki w drugiej części książki. Ważny jest więc obraz mężczyzn, zwłaszcza ojca.

W powieści odnajdujemy różne typy ojców: uwielbiany, a zarazem daleki ojciec, którego uosabia Baba; idealny ojciec w postaci Rahima; dyskretny ojciec, który zrobiłby wszystko dla swojego syna, jak Ali; i wreszcie mężczyzna, który chce zostać ojcem, ale nie może.

- Baba jest jedynym rodzicem, którego zna Amir od czasu śmierci matki podczas porodu. Mimo to oboje mają trudne relacje. Amir mówi o nim w następujący sposób: "Baba i ja mieszkaliśmy w tym samym domu, ale w różnych sferach istnienia" (rozdział 6). Ci dwaj ludzie nie rozumieją się wzajemnie: Amir jest przekonany, że ojciec ma mu za złe, że "zabił" jego matkę, a Baba nie popiera skromnego i nieśmiałego charakteru syna. Jego słabość fizyczna wydaje mu się wadą, a powtarzające się w samochodzie ataki choroby Amira są dla niego nie do zniesienia. Jednak Amir mówi: "Czciłem Babę z intensywnością zbliżoną do religijnej" (rozdział 4). Jedynym momentem, w którym obaj są zjednoczeni, jest zwycięstwo Amira w turnieju latawców. Ale to ma swoją cenę, jak Amir musiał poświęcić Hassan dla tego. Hassan jest w rzeczywistości sekretnym synem

Baby, którego poznajemy, podobnie jak Amira, pod koniec powieści. W końcu uświadamiamy sobie, dlaczego Baba zawsze traktował Hassana jak własnego syna, co czasem dziwiło Amira.

- Ali, oficjalny ojciec Hassana, jest dyskretny, ale sprawiedliwy i oddany synowi. Nie bierze udziału w żadnych działaniach Hassana. Nie waha się jednak wspierać Hassana, gdy ten zostaje oskarżony o kradzież przez Amira.

- Rahim jest przyjacielem i partnerem biznesowym Baby, a także jedynym dorosłym mężczyzną, który zwraca uwagę na Amira, który wierzy w niego i jego cechy. W tym sensie jest idealną figurą ojca. Kiedy relacja między Babą a Amirem jest zbyt trudna, Amir dochodzi do wniosku, że chciałby, aby Rahim był jego ojcem. To właśnie Rahim jako pierwszy zachęca Amira do pisania projektów, a także przypomina mu o jego obowiązkach i prosi o odkupienie grzechów poprzez powrót do Afganistanu w celu uratowania Sohraba.

- Amir, jako dorosły człowiek, pragnie ponad wszystko zostać ojcem, a jednak w swoim małżeństwie z Sorayą nie może mieć dzieci: "Może coś, ktoś, gdzieś, postanowił odmówić mi ojcostwa za rzeczy, które zrobiłem. Może to była moja kara, i może słusznie" (rozdział 13). Później, gdy odbiera Sohraba, musi pracować, by zdobyć jego zaufanie. Amir musi nauczyć się być ojcem i poddać się niechęci dziecka, aby nie przyspieszać procesu.

TEMAT WINY

Wina oznacza uczucie, które prowadzi do uznania się za odpowiedzialnego za jakieś wydarzenie. Amir odczuwa je przez całą powieść, z kilku powodów:

- Czuje się winny śmierci swojej matki. W istocie, ponieważ umarła, rodząc go, wyobraża sobie, że jest za to odpowiedzialny, choć oczywiście nie jest;

- Później czuje się winny za atak na Hassana i jest to wspomnienie, które będzie nosił ze sobą do końca życia. Amir uczestniczył w tej scenie, mógł interweniować w obronie przyjaciela, ale jedyne czego chciał, to przynieść latawiec ojcu i wreszcie zobaczyć dumę w jego oczach. To właśnie z tego powodu woli uciekać. Jednak poczucie winy za własne tchórzostwo szybko staje się nie do zniesienia. Sam widok Hassana sprawia, że przypomina sobie o swoim tchórzostwie i słabości. Dopiero wyjazd do Stanów Zjednoczonych, pozwalający mu uciec z miejsca jego błędu, przynosi mu ulgę: "For me, America wasa place to bury my memories" (rozdział 11).

Baba również jest ofiarą poczucia winy, ale odkrywa to pod koniec powieści, kiedy Amirowi zostaje ujawniona prawda o narodzinach Hassana. Czuje się winny, że nie potrafi zadbać o niego tak jak o Amira. Wykorzystuje więc każdą okazję, aby nadrobić swoje błędy prezentami, takimi jak operacja plastyczna, aby naprawić rozszczep wargi syna na urodziny Hassana.

Poczucie winy jest jednym z najważniejszych tematów w powieści. Autor pokazuje nam, jak bohaterom udaje się lub nie udaje żyć z tym uczuciem. Baba przez całe życie pragnął zadośćuczynić, natomiast Amir wolał unikać swoich uczuć przez większą część swojego istnienia, aż w końcu je wyraził. Od tego momentu bierze na siebie odpowiedzialność i stara się jak tylko może, aby naprawić swoje błędy.

HISTORIA DOJRZEWANIA

Gatunek coming-of-age story, zwany również powieścią edukacyjną, narodził się w Niemczech w XVIII wieku pod nazwą Bildungsroman. Opowiada ona drogę i ewolucję bohatera, który na początku utworu jest młody i niedoświadczony. Widzimy więc jak dojrzewa, ewoluuje, sprawdza swoje możliwości i kształtuje swój własny pogląd na życie. W tego typu strukturze bohater musi zmierzyć się z różnymi wydarzeniami, które ostatecznie dostarczają mu mądrości. Historia coming-of-age opisuje zatem dojrzewanie bohatera.

Amir podąża ścieżką, która czyni go bohaterem dorastania. Jego dzieciństwo jest złote, chronione przed perypetiami, a on sam kieruje się pewnymi zasadami moralnymi. Ali opisuje dwoje dzieci wychowywane przez tę samą nianię, mówiąc: "Między mężczyznami wychowanymi na tej samej piersi istniało braterstwo, którego nawet czas nie mógł złamać" (rozdział drugi). Jednak Amir szybko odkrywa, że żyje w świecie nierówności. Jest Pasztunem i mieszka w ładnym domu, ale jego przyjaciel Hassan i jego ojciec mieszkają w obskurnej chacie w ogrodzie tylko dlatego, że są Hazarami. Nastroje te wzmacniają słowa Asefa, który nienawidzi Hazarów i twierdzi, że Afganistan należy do Pasztunów.

Później, kiedy Hassan został zaatakowany, Amir zdał sobie sprawę, że ten czyn może pozostać bezkarny, ponieważ został popełniony przez Pasztunów przeciwko Hazarom. Jednak chłopiec nie może pogodzić się z takim losem, mimo że jego własne tchórzostwo pozwoliło na dokonanie zbrodni. Dzięki temu dramatowi Amir nagle poczuł, że życie nie jest takie, jak sobie wyobrażał. Żył w uprzywilejowanym świecie i nie znał ani przemocy, ani podłości. Nagle odkrywa coś, co pozostawia niezatarty ślad. Amir, który początkowo stara się unikać odpowiedzialności, dopiero po zetknięciu się z rzeczywistością, czyli po odkupieniu swoich czynów wobec dawnego przyjaciela poprzez wychowanie jego syna, staje się naprawdę mężczyzną.

Edukacja Amira różni się również w zależności od regionu. Dopóki przebywa w Afganistanie, pozostaje pod kontrolą ojca, który za niego podejmuje wszelkie decyzje. Ale kiedy próbują osiedlić się w Kalifornii, wszystko się zmienia. Tam Baba jest zdezorientowany i pozwala Amirowi radzić sobie samemu. W swojej krainie Baba był silnym człowiekiem i decydentem.mTutaj Amir podejmuje decyzje i staje się siłą napędową własnego życia. W końcu udało mu się podnieść i wyrwać z jarzma ojca (choć tylko dla syna starał się jak mógł).

Amir naprawdę kończy swoją podróż podczas powrotu do domu, aby uratować Sohraba. Koło zostaje wtedy zakończone. Amir dorasta poprzez decyzje, które musi podjąć, aby nadal żyć w pokoju z samym sobą: po tym jak nie zrobił nic, aby uratować Hassana, musi teraz działać, aby uratować syna swojego starego przyjaciela.

OBRAZ AFGANISTANU

Przez całą powieść autor dostarcza nam informacji o Afganistanie, w którym przez wiele lat panował wyjątkowo niestabilny reżim polityczny.

Środkowoazjatycki kraj, niegdyś punkt zapalny na Jedwabnym Szlaku, Afganistan od 1919 roku cierpiał z powodu głębokiej nierównowagi politycznej. Powieść nie sięga jednak tak daleko w przeszłość i zaczyna się w latach 70. XX wieku, za rządów Mohammeda Zahera Chaha. Kraj prosperował aż do nocy 17 lipca 1973 roku, kiedy to król został obalony przez Mohammeda Daoud Khana i proklamowano Republikę. "Afganistan zmienił się na zawsze" (rozdział 4) Amir mówi o tym epizodzie. Rzeczywiście, to od tego czasu Rosja umacnia swój uścisk nad krajem, osiągając jego szczyt w 1978 r. wraz z obaleniem Daouda w popieranym przez Rosjan zamachu stanu. To właśnie ta rosyjska okupacja popycha Amira i jego ojca do ucieczki z kraju: "W Kabulu nie można było już nikomu ufać – za opłatą lub pod groźbą, ludzie donosili na siebie nawzajem, sąsiad na sąsiada, dziecko na rodzica, brat na brata, sługa na pana, przyjaciel na przyjaciela" (rozdział 10).

Talibowie przejęli Afganistan, podczas gdy Amir i Baba mieszkali w Kalifornii. Ta sytuacja zawsze przerażała Babę, który mówi Amirowi: "Boże, dopomóż nam wszystkim, jeśli Afganistan wpadnie w ich ręce" (rozdział 3). Talibowie opowiadają się za islamizacją społeczeństwa, moralności i sprawiedliwości. Liczy się tylko prawo Boże. Kiedy Amir wraca do Afganistanu, jest przerażony swoim krajem i stanem Kabulu, wciąż naznaczonym latami wojny. Talibowie są zawsze w mieście i kontrolują ludność. Wbrew swojej woli uczestniczy nawet w kamienowaniu cudzołóstwa. Przyznaje również, że wyrok wydali talibowie. To nikt inny jak Assef jest również właścicielem Suhrab. W ten sposób czytelnik śledzi rozwój polityczny kraju przez całą powieść.

DALSZA REFLEKSJA

KILKA PYTAŃ DO PRZEMYŚLENIA...

- Jaki obraz rodziny proponuje powieść?

- "Jeśli jest tam Bóg, to miałbym nadzieję, że ma ważniejsze sprawy na głowie niż moje picie szkockiej czy jedzenie wieprzowiny". Do czego odnosi się tutaj Baba? Rozwiń swoją odpowiedź.

- Jaki obraz kobiet przekazują postacie Sorayi i jej matki?

- Jak w tej powieści przedstawiona jest religia? Rozwiń swoją odpowiedź.

- Z jakimi innymi współczesnymi powieściami można porównać *The Kite Runner*? Wyjaśnij swoją odpowiedź.

- Historii bohatera Amira nie można całkowicie oddzielić od historii jego kraju – Afganistanu. Wyjaśnij, jak wydarzenia historyczne wpływają na losy bohatera.

- Czy *The Kite Runner* możemy nazwać powieścią historyczną? Uzasadnij swoją odpowiedź, posługując się definicją gatunku, a także konkretnymi przykładami z powieści.

PRZECZYTAJ TAKŻE

WYDANIE REFERENCYJNE

Hosseini, K. (2004) *The Kite Runner*. New York: Riverhead.

Chcemy usłyszeć od Ciebie, co się dzieje!
Zostaw komentarz na temat swojej internetowej biblioteki
i podziel się swoimi ulubionymi książkami w mediach społecznościowych!

MUST READ

Dlaczego warto wybrać Must Read?

Dowiedz się wszystkiego, co musisz
wiedzieć o książce dzięki naszym zwięzłym i
dogłębnym streszczeniom i analizom!

**Odkryj to, co najlepsze w literaturze
w zupełnie nowym świetle!**

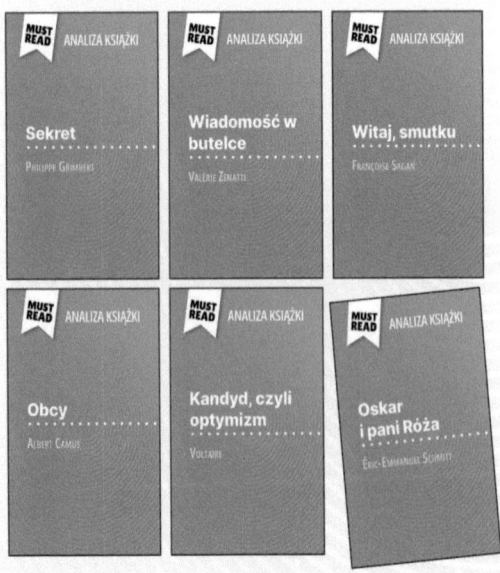

MUST READ ANALIZA KSIĄŻKI

Sekret

Philippe Grimbert

MUST READ ANALIZA KSIĄŻKI

**Wiadomość w
butelce**

Valérie Zenatti

MUST READ ANALIZA KSIĄŻKI

Witaj, smutku

Françoise Sagan

MUST READ ANALIZA KSIĄŻKI

Obcy

Albert Camus

MUST READ ANALIZA KSIĄŻKI

**Kandyd, czyli
optymizm**

Voltaire

MUST READ ANALIZA KSIĄŻKI

**Oskar
i pani Róża**

Éric-Emmanuel Schmitt

www.50minutes.com

Wydawca zapewnia o wiarygodności publikowanych informacji, co jednak nie może wiązać się z jego odpowiedzialnością.

www.50minutes.com

Master ISBN: 9782808694162
Papierowy ISBN: 9782808615563
Depozyt prawny: D/2023/12603/1836

Verhaal: © Primento

Projekt cyfrowy: Primento, cyfrowy partner wydawców.